FUERA DEL LABERINTO

SPENCER JOHNSON, M.D.

Fuera del Laberinto

Una historia sobre el poder
de las creencias

Empresa Activa

Argentina – Chile – Colombia – España
Estados Unidos – México – Perú – Uruguay

—¡No puedo creerlo! —dijo Alicia.

—¿No puedes? —repitió la reina con un tono compasivo—. Vuelve a intentarlo, respira hondo y cierra los ojos.

Alicia se rio.
—De nada sirve intentarlo —dijo—. Una no puede creer en cosas imposibles.

—Me atrevería a decir que no has practicado mucho —dijo la reina—. Cuando yo tenía tu edad, siempre lo hacía durante media hora al día. He llegado a creer hasta seis cosas imposibles antes del desayuno.

LEWIS CARROLL

La imaginación es más importante que el conocimiento. El conocimiento es limitado, pero la imaginación rodea al mundo.

ALBERT EINSTEIN

Índice

   El dilema de Hem

   Los hechos de la cuestión

   Hem se aventura dentro del Laberinto

   La extraña

   Intentarlo con más fuerza

   El sueño de Hem

   Hem elige una nueva creencia

   ¿Qué sucede si crees que es posible?

   ¿Qué hay fuera del Laberinto?

   Esquinas oscuras y callejones sin salida

   Fuera del Laberinto

La historia detrás de
Fuera del Laberinto

La historia de *¿Quién se ha llevado mi queso?* fue creada originalmente por el Dr. Spencer Johnson para ayudarlo a lidiar con un momento difícil en su vida. Después de años de compartir su pequeña fábula con otros y ver cuánto les ayudaba en su vida personal y laboral, convirtió la historia en un breve libro.

A los seis meses posteriores a la publicación, la pequeña parábola de Spencer tenía más de un millón de copias impresas en tapa dura, y a los cinco años, más de 21 millones de ejemplares vendidos. En el año 2005 Amazon anunció que *¿Quién se ha llevado mi queso?* era el libro más vendido de todos los tiempos.

A lo largo de los años, el amado clásico de Spencer se ha abierto camino en hogares, empresas, escuelas, iglesias y equipos deportivos. Se ha extendido por todo el mundo en muchos idiomas extranjeros. Sus lectores han encontrado al leer esta historia una sabiduría que les ha permitido mejorar sus carreras, sus negocios, su salud y hasta su matrimonio. Su atractivo ha sido universal.

Sin embargo, Spencer sintió que todavía había algunas preguntas que habían quedado sin respuesta en la historia original.

«Muchas personas que leyeron la historia original —escribió en sus notas para esta secuela— querían saber más sobre *por qué* y *cómo*. ¿Por qué nos adaptamos a veces y nos va bien en los tiempos cambiantes, mientras que otras veces no lo hacemos? ¿Cómo podemos adaptarnos a un mundo cambiante de manera más rápida y fácil, para que seamos más felices y tengamos más éxito, sea cual sea el significado que le demos a la palabra "éxito"?»

La respuesta a esas preguntas, según Spencer, podría encontrarse y expresarse mejor llevando la historia del *Queso* a dar un paso crucial adicional.

¿Quién se ha llevado mi queso? mostró a sus lectores un camino para adaptarse al cambio en sus vidas personales y laborales.

Ahora, *Fuera del Laberinto* proporciona las herramientas para ayudar a avanzar en ese camino y no solo adaptarse al cambio, sino también para cambiar el destino.

Prólogo

por Emerson Johnson, Austin Johnson y Christian Johnson

Estamos muy contentos de que estés a punto de leer *Fuera del Laberinto*.

Desde temprana edad, nuestro padre siempre disfrutó buscando maneras de ayudar a las personas. Cuando era adolescente comenzó una escuela de natación para ayudar a otros niños del vecindario a nadar. De joven se formó como cirujano y luego descubrió que su verdadera pasión era escribir. A través de sus escritos, sintió que podía servir a un mayor número de personas.

Lo extrañamos mucho y estamos increíblemente orgullosos de sus contribuciones al mundo.

A lo largo de los altibajos de su vida siempre utilizaba las palabras y los aforismos que podrás encontrar en esta historia. Cuando le diagnosticaron cáncer de páncreas, estas ideas le ayudaron a ver su enfermedad bajo una nueva luz antes de morir. Le dieron las herramientas para abrazar el cambio que enfrentaba con amor y gratitud.

Al final del libro hemos decidido compartir una carta que escribió en las etapas finales de su enfermedad, que creemos que ilustra hasta qué punto puso en práctica estas ideas en su propia vida.

Esperamos que disfrutes de este libro y te deseamos lo mejor.

La familia Johnson
Julio de 2018

Una reunión
Chicago

UN FRESCO DÍA de otoño, un grupo de personas se reunió para una nueva sesión de un seminario semanal de desarrollo empresarial. Para ese día se les había asignado leer una pequeña historia sobre dos personajes, Hem y Haw, quienes reaccionaron de manera muy diferente al cambio. El libro se titulaba *¿Quién se ha llevado mi queso?*

Dennis, el líder del seminario, empezó la clase preguntando.

—Hola a todos, quiero comenzar con una pregunta: ¿Quién diablos se ha llevado nuestro queso y qué vamos a hacer al respecto?

Los estudiantes se rieron. Dennis tenía una manera informal de hablar, pero también sabían que tenía algunas ideas muy importantes en lo que respecta a los negocios.

Comenzaron a debatir sobre el libro. Algunos dijeron que habían sacado mucho provecho de la historia, tanto en su trabajo como en su vida personal.

Algunos, sin embargo, se habían quedado con muchas dudas.

—Comprendo las ventajas de adaptarse al cambio —dijo Alex, quien trabajaba en la industria de la tecnología—. Pero eso es más fácil decirlo que hacerlo. ¿Cómo se supone que lo *hagamos*?

Mia, una médica, estuvo de acuerdo.

—Algunos cambios parecen ser fáciles de aceptar. Pero algunos resultan sumamente difíciles.

—Y mi trabajo no es que haya cambiado —agregó Alex—. Parece que está desapareciendo por completo.

—El mío también —dijo Brooke, que trabajaba en el sector editorial. —A veces parece que ni reconozco la industria en la que trabajo.

—A veces ya no reconozco ni mi *vida* —dijo Alex. Los demás se rieron—. En serio —dijo—. Hay muchos cambios a la vez. Seguiría al queso si pudiera, ¡pero la mitad del tiempo no tengo ni idea de a dónde se ha ido!

Mientras esto sucedía, un joven sentado al fondo, llamado Tim, levantó la mano y dijo algo.

Dennis levantó ambas manos para detener la discusión y, una vez que todos los demás se calmaron, le pidió a Tim que repitiera su pregunta para que todos pudieran escucharla.

Tim se aclaró la garganta y dijo:

—¿Qué ha pasado con Hem?

Alex se volvió para mirar al joven.

—¿Que *qué pasó* con Hem?

—Sí, ¿Qué le ha sucedido?

La sala quedó en silencio, mientras todos recordaban la historia de Hem y Haw y se hacían la misma pregunta.

—Eso es lo que quiero saber —continuó Tim. —Porque, honestamente, Hem es el personaje de la historia con el que más me identifico.

»Haw parece adaptarse y encontrar su camino. Mientras tanto, Hem está sentado allí, en su casa vacía, solo y enfadado con el mundo. A mí me parece que él quiere resolver el problema tanto como Haw, pero está realmente atascado. Y odio decirlo, pero así es como son las cosas para mí también.

Al principio, nadie dijo nada. Entonces, Mia habló.

—Yo entiendo lo que quieres decir. Así es también como me siento en esta situación. *Quiero* ir hacia donde está el queso. Pero ni siquiera sé por dónde empezar.

Uno por uno, se dieron cuenta de lo mucho que se identificaban con lo que decía el joven. En el cuento, el personaje de Haw salió a la búsqueda y encontró «Queso Nuevo». Se acopló a los cambios y le dio buen resultado. Pero Hem todavía estaba perdido.

Muchos de ellos se sentían así.

Durante toda la semana, Dennis pensó en el joven y su pregunta.

Cuando la clase se reunió a la semana siguiente, dijo:

—Pensé mucho en tus preguntas de la semana pasada, sobre por qué Haw cambió pero no lo hizo Hem, y qué podría haberle ocurrido después.

»Creo que hay más cuestiones en la historia, y me gustaría compartirlas.

El lugar estaba tan tranquilo que se podía oír el parpadeo de un ratón. Todos querían saber *qué le había sucedido a Hem.*

—Probablemente recordéis lo que sucedió en *¿Quién se ha llevado mi queso?* —comenzó Dennis.

La historia original de
¿Quién se ha llevado mi queso?

UNA VEZ, HACE mucho tiempo en una tierra lejana, vivían cuatro pequeños personajes que corrían por un laberinto en busca de queso para alimentarse y ser felices. Dos eran unos ratones llamados Fisgón y Escurridizo, y dos eran unas pequeñas personitas o liliputienses llamados Hem y Haw.

El laberinto estaba formado por pasillos y cámaras, algunas de ellas con un queso delicioso. Pero también había rincones oscuros y callejones sin salida que no conducían a ninguna parte.

Un día, todos encontraron su queso favorito al final de un corredor en el Depósito de Queso Q. Después de eso, seguían regresando al mismo lugar todos los días para disfrutar más de ese maravilloso Queso.

No pasó mucho tiempo antes de que Hem y Haw desarrollaran toda su vida en torno al Depósito de Queso Q. No tenían idea de dónde venía el Queso o quién lo ponía allí. Simplemente, asumieron que siempre habría Queso.

Hasta que, un día, no hubo más.

Cuando vieron que el Queso había desaparecido, Fisgón y Escurridizo partieron de inmediato en busca de Queso Nuevo.

Pero Hem y Haw no. Los dos liliputienses se quedaron allí, aturdidos. ¡Su Queso había desaparecido! ¿Cómo era posible? ¡Nadie les había advertido! ¡No estaba bien! No se suponía que las cosas fuesen así.

Pasaron los días y cada vez estaban más molestos y furiosos.

Finalmente, Haw se dio cuenta de que Fisgón y Escurridizo se habían adentrado en el laberinto, y decidió seguir a los ratones y buscar él también Queso Nuevo.

—A veces, Hem, las cosas cambian y nunca vuelven a ser las mismas —dijo Haw—. Esta parece ser una de esas veces. La vida sigue adelante. Y nosotros deberíamos hacer lo mismo.

Y, diciendo esto, se fue. Después de unos días, Haw apareció de nuevo por el Depósito de Queso Q con algunos pequeños trozos de Queso Nuevo, y le ofreció algunos a Hem.

Pero Hem pensó que seguramente no le gustaría este Queso Nuevo. No era el queso al que estaba acostumbrado. Quería recuperar su *propio* Queso. Así que a Haw no le quedó más remedio que ir solo a buscar más Queso Nuevo.

Y esa fue la última vez que Hem vio a su amigo Haw.

La nueva historia:
¿Qué sucedió después?

DURANTE DÍAS, HEM se quedó en su casa cercana al Depósito de Queso Q, deambulando de un lado a otro, refunfuñando y echando humo.

Todavía esperaba que apareciera queso todos los días, y no podía creer que ya no sucediera. Estaba seguro de que, si se mantenía firme y persistía, las cosas cambiarían.

Pero no lo hicieron.

¿Y por qué Haw nunca regresó? A Hem se le ocurrieron muchas respuestas diferentes a medida que andaba de un lado a otro.

Al principio se dijo a sí mismo:

—Ya volverá. Estará aquí cualquier día de estos, y las cosas volverán a la normalidad.

Pero ya había sido «cualquier día de estos» durante muchos días, y Haw todavía no había regresado.

Mientras más se enfurecía por su situación, los pensamientos de Hem tomaron una dirección diferente.

«Se olvidó de mí.»

«Se está escondiendo de mí.»

«¡Lo está haciendo a propósito! ¿Cómo pudo mi amigo traicionarme así?»

Este último pensamiento hizo que Hem se enojara, y mientras más se enfocaba en él, más enfadado se ponía.

Estaba enojado porque Haw lo había dejado solo, enojado porque el Queso se había ido, y enojado porque nada de lo que hacía parecía arreglar o mejorar la situación. Finalmente, se detuvo y gritó:

—¡NO ES JUSTO!

Agotado de deambular enfurruñado, Hem se derrumbó en su sillón favorito y comenzó a pensar.

¿Tal vez Haw se había perdido?

¿Y si estuviese herido, o le hubiese sucedido algo peor?

Hem olvidó su enfado y solo pensó en su amigo, y en las cosas terribles que podrían haberle sucedido.

Después de un rato se le ocurrió una pregunta diferente. En lugar de «¿Por qué no ha vuelto Haw?», Comenzó a preguntarse: «¿Por qué no fui con él?»

Si hubiera ido con Haw, razonó, tal vez las cosas hubieran sido diferentes. Tal vez Haw no se hubiera perdido. Tal vez nada malo le hubiera pasado. Tal vez estarían comiendo Queso juntos ahora mismo.

¿Por qué no *fue detrás del Queso* como lo hizo su amigo?

¿Por qué *no* se fue con Haw?

La pregunta lo roía, como un ratón roe un trozo de Queso.

Mientras tanto, él tenía cada vez más hambre.

Hem se levantó otra vez de la silla para echar a andar, cuando se tropezó con algo en el suelo. Se agachó y lo recogió. Solo después de que le soplara el polvo fue capaz de reconocerlo.

Era un viejo cincel.

Recordó aquel día en el que sostuvo el cincel mientras Haw lo golpeaba con un martillo hasta que hicieron un gran agujero en la pared del Depósito de Queso Q, en busca de más Queso. Casi podía oír el sonido del martillo y el cincel haciendo eco en las paredes de la habitación.

¡Clanc! ¡Clanc! ¡Clanc!

Hurgó en el suelo hasta que encontró el martillo que habían usado y también le sacudió el polvo. No se había dado cuenta hasta ese momento de cuánto tiempo había pasado desde que los dos, Hem y Haw, habían ido a buscar Queso juntos.

Echaba de menos a su amigo. Y estaba empezando a preocuparse. Durante todo este tiempo aún esperaba que apareciera más Queso y que Haw volviera.

Pero todavía no había Queso, ni estaba Haw.

Tenía que *hacer* algo. Ya no podía quedarse en casa y esperar. Tenía que adentrarse en el Laberinto y buscar Queso.

Hem rebuscó alrededor, encontró sus zapatillas para correr y se las puso, tal como solía hacer con Haw cuando exploraban por primera vez en busca de Queso. Mientras se ataba las zapatillas, repasó lo que sabía sobre los hechos de la cuestión.

Sabía que tenía que encontrar más Queso. Si no lo conseguía, moriría.

Sabía que el Laberinto era un lugar peligroso, lleno de rincones oscuros y callejones sin salida que no conducían a ninguna parte. Así que tenía que tener mucho cuidado.

Finalmente, sabía que si iba a superar esa situación, encontrar más Queso y sobrevivir, eso solo dependía de él. Solo podía contar consigo mismo.

Escribió todo esto en un pedazo de papel y lo guardó en su bolsillo, para que no se le olvidara.

Los hechos de la cuestión

1) Tengo que encontrar más Queso.
Si no lo hago, moriré.

2) El Laberinto es un lugar peligroso,
lleno de rincones oscuros y callejones
sin salida.

3) Depende de mí. Estoy solo en esto.

Conocer los hechos fue tranquilizador para Hem. Al menos sabía dónde estaba parado.

Miró el martillo y el cincel. Tal vez le servirían en su viaje a los rincones más profundos del laberinto.

Cogió las herramientas, las puso en una mochila y se la colgó sobre el hombro.

Armado con los hechos de la cuestión, un martillo y un cincel, Hem se aventuró hacia el Laberinto.

DURANTE LOS SIGUIENTES días, Hem vagó por los corredores, abriéndose camino cada vez más hacia el interior del Laberinto. Los pasillos estaban vacíos, excepto por unas pocas rocas pequeñas aquí y allá. No había rastro de Queso.

Cada vez que llegaba a una nueva cámara, asomaba la cabeza para buscar Queso. Pero cada cámara que veía estaba vacía.

De vez en cuando, llegaba a un rincón oscuro. Cuando eso sucedía, rápidamente se daba la vuelta y se dirigía hacia el otro lado. Estaba decidido a no perderse.

De vez en cuando pasaba por un callejón sin salida. Miraba hacia allí, solo para asegurarse, y cuando veía que terminaba en nada más que una pared de ladrillos y oscuridad volvía rápidamente a su camino.

De vez en cuando, Hem podía ver que Haw había pasado por algunos de esos lugares, porque Haw había escrito notas en las paredes del pasillo, cada una enmarcada con un dibujo de Queso. No tenían sentido para Hem.

De todos modos, estaba demasiado hambriento y cansado para detenerse y leer.

Todavía no había ninguna señal de Queso en absoluto.

Mientras exploraba, Hem seguía pensando en esa pregunta que lo había roído, dándole vueltas en su mente otra vez.

¿Por qué no se había ido con Haw?

Hem siempre se había considerado a sí mismo como el cerebro de la pareja. Haw era un buen liliputiense y un buen compañero, siempre con una actitud alegre y buen sentido del humor. Aunque era más copiloto que piloto. Eso es lo que Hem siempre había pensado.

Ahora ya no estaba tan seguro.

—¿Por qué no me fui con Haw cuando tuve la oportunidad? —murmuró para sí mismo.

¿Fue por ser terco? ¿O, simplemente, tonto?

O ¿es que era una mala persona?

Hem pensaba en eso mientras caminaba por un corredor tras otro.

—Tal vez esto es un castigo por algo que hice —dijo en voz alta.

Cuanto peor se sentía sobre sí mismo, más disminuía su energía, aunque no se dio cuenta en ese momento. Ni siquiera era consciente de los pensamientos que tenía sobre sí mismo cuando pasaban por su mente, como pequeños ratones en un laberinto.

Entonces tuvo un pensamiento tan terrible que lo dejó helado. «Tal vez sea mi destino correr en círculos en el Laberinto para siempre.»

Hem sintió que sus piernas estaban a punto de ceder. Se apoyó contra la pared del pasillo y se deslizó hacia el suelo.

En la pared opuesta había una de las notas de Haw:

Las creencias
arraigadas no te
llevan a Nuevo
Queso.

Hem solo negó con la cabeza.

—Oh, Haw —murmuró. —¿En qué estabas pensando? El Queso está ahí o no. ¡Las *creencias* no tienen nada que ver con eso!

Por primera vez, se preguntó si Haw podría haberse debilitado tanto como para no poder seguir y, simplemente, haberse dado por vencido. Se preguntó si eso es lo que le estaría ocurriendo a él mismo en ese momento.

De repente se sintió solo y asustado.

Nada era como solía ser. Antes, el Laberinto era donde Hem y Haw habían trabajado y tenían una vida social. Ambos crecieron y construyeron sus vidas allí. El Laberinto era el mundo de Hem.

Pero el Laberinto había cambiado.

Ahora, parecía como si *todo* fuera diferente. Haw se había ido, Fisgón y Escurridizo se habían ido, el Queso se había ido, y él estaba vagando por los pasillos, cada vez más y más débil. Hem no entendía por qué le estaba sucediendo todo eso.

El Laberinto se había convertido en un lugar oscuro y aterrador.

Se acurrucó en el suelo y se quedó dormido.

HEM SE DESPERTÓ sobresaltado y sintió que su pie chocaba contra algo en el suelo donde yacía. Había algunas cosas. Se incorporó y las miró. Eran pequeñas rocas redondas, del tamaño de un puño.

Cogió una y sintió su superficie lisa y brillante de color rojo. No era una roca en absoluto. Olía bien.

De hecho, olía muy bien, Hem quería comer algo.

Se sacudió a sí mismo. ¿En qué estaba pensando? Fuera lo que fuera eso, ciertamente eso no era Queso.

Podía ser peligroso.

Miró a su alrededor y casi saltó.

¡Había otra pequeña persona sentada cerca, mirándolo! No era Haw, y tampoco ninguno de sus viejos amigos. Hem nunca había visto a esta liliputiense antes.

No sabía si sonreír y saludar, o tener miedo.

La pequeña levantó una de las rocas rojas y se la tendió a Hem.

—Pareces hambriento —dijo ella.

—Pero no puedo comer esto —replicó Hem. —¡No es Queso!

—¿No es qué?

—Queso —repitió Hem. —No es Queso.

Ella no dijo nada, solo parecía desconcertada.

—Queso es otra palabra para «comida» —explicó Hem pacientemente. —Todo el mundo come Queso. Incluso los ratones.

—Ah —dijo la pequeña. Ambos estuvieron callados por un momento. Entonces, ella comentó—: Yo no. Nunca he visto «queso».

A Hem le resultó difícil de creer. ¿Una liliputiense que no comía Queso? ¡Imposible!

La extraña continuaba tendiéndole la pequeña roca a Hem. Quien la miró y negó con la cabeza.

—Sea lo que sea, no puedo comerlo —insistió. —Solo como Queso.

Volvió a tumbarse, sintiéndose desesperado. Después de unos momentos, alcanzó a oír la voz de la extraña:

—*Apuesto a que puedes hacer mucho más de lo que crees que puedes hacer...*

Pero Hem ya se había quedado dormido.

Cuando Hem abrió los ojos unas horas después, se sintió más hambriento de lo que nunca había estado en su vida. ¡Es la hora de cenar!, pensó. Y luego, la realidad de su situación volvió en un suspiro.

No hay Queso. No hay cena.

Se sentó. La liliputiense se había ido, pero las pequeñas rocas rojas todavía estaban allí. Cogió una y la olió de nuevo. Olía dulce.

Antes de que tuviera tiempo de pensar en lo que estaba haciendo, le dio un mordisco.

Estaba crujiente, pero también jugosa y dulce. Pero ¡demonios! No sabía a ningún Queso que hubiera comido nunca. Se la comió toda. No pudo evitarlo.

Luego se recostó y gimió.

—¿Qué he hecho? —dijo—. ¡Acabo de comerme una roca!

Estaba seguro de que iba a morir.

Se quedó dormido una vez más.

Y, por primera vez en días, durmió toda la noche.

Cuando se despertó a la mañana siguiente, la extraña estaba allí otra vez, sentada en cuclillas con los brazos envueltos alrededor de las rodillas, observándolo.

—No estás muerto— dijo ella.

—No —replicó Hem—. No lo estoy.

De hecho, se sintió un poco más fuerte.

La extraña le ofreció otra roca. Hem la tomó y se dispuso a comerla. Ciertamente, no era Queso, pero estaba sabrosa, y mientras comía sintió que su energía regresaba, muy ligeramente.

La extraña le hablaba mientras él comía. Se llamaba Esperanza y vivía cerca, en un lugar llamado Depósito Frutal M. «Fruta», dijo, era como llamaban a las rocas. También dijo que las llamaban «manzanas».

Mientras tanto, Hem ya estaba dando cuenta de su tercera Manzana.

Esperanza le informó a Hem que la fruta había empezado a escasear, y que durante los últimos días había estado explorando diferentes partes del Laberinto, buscando nuevos suministros.

—Antes, todos los días, cuando me despertaba, había más manzanas —añadio. —Pero ahora cada vez hay menos.

—En realidad —puntualizó, señalando la fruta que Hem estaba comiendo—, esa era la última que tenía.

Hem dejó de mordisquear la fruta y la miró.

—¿Quieres decir que han *desaparecido*?

Ella asintió.

—Simplemente, dejaron de aparecer. No sé por qué.

Hem miró la Manzana, que se había comido casi en su totalidad, y luego a Esperanza de nuevo.

—¿Me has dado tu última Manzana?

Esperanza se encogió de hombros.

—Parecías hambriento.

—Lo estaba —confirmó Hem—. Pero ¿no tienes hambre, tú también?

—Un poco —admitió ella.

Hem pensó en todas las Manzanas que le había dado para comer y se dio cuenta de que nunca le había manifestando su agradecimiento.

—Gracias —dijo.

—De nada —replicó ella.

Hem sacudió la cabeza, asombrado.

—Comer estas cosas en realidad me hizo sentir mejor. ¡No me lo puedo creer!

Esperanza sonrió y dijo:

—Claro que puedes. No es difícil, si te dejas ir y lo intentas.

Hem no entendió nada. ¿Dejarse ir e intentar qué? No tenía idea de qué hablaba ella.

Sin embargo, sabía una cosa: todavía tenía hambre.

Toda esta charla sobre comer le recordó a Hem por qué estaba en el Laberinto. Ahora que su fuerza estaba empezando a volver luego de comer la extraña comida nueva, era hora de ir a buscar Queso.

Hasta ahora había fracasado en su búsqueda, y sabía exactamente por qué.

—Simplemente, no me he esforzado lo suficiente —comentó—. Lo que tengo que hacer —dijo— es ir a explorar las partes del Laberinto que aún no he explorado.

Esperanza se encogió de hombros.

—Yo también iré. Si te parece bien.

(Esperanza todavía no veía cómo iban a salir del atasco, pero no le cabía la más mínima duda de que lo lograrían.)

Hem asintió a regañadientes. Al cabo, un poco de compañía no tenía por qué venirle mal. Cuando se puso de pie, se fijó de nuevo en la curiosa nota que su amigo Haw había escrito en la pared:

Las creencias
arraigadas no te
llevan a Nuevo
Queso.

—Tal vez no —le contestó a la pared. —Pero te diré *lo que lleva* al Nuevo Queso: ¡esforzarme más!

Dicho esto, Hem, con la mochila de herramientas colgada del hombro, se puso en marcha junto con Esperanza. Recorrieron incontables pasillos y se asomaron a una camára tras otra, teniendo cuidado de evitar esquinas oscuras y los callejones sin salida.

Todas las cámaras que encontraron estaban vacías, pero Hem había resuelto no rendirse.

Mientras caminaban, Hem le contó a Esperanza sobre los viejos tiempos. Acerca de cómo él, Haw y sus amigos Fisgón y Escurridizo iban a buscar Queso todos los días, y cómo solía ser abundante y fácil de encontrar. Estaba para que cualquiera lo tomara. Todo lo que tenían que hacer era buscar por unos pasillos cercanos, y allí estaría.

—Tiempos más simples —comentó. Y luego guardo silencio mientras caminaban.

Los tiempos habían cambiado y Hem ya no era la misma persona que solía ser. Había sabido ser fuerte y orgulloso, alguien a quien los otros liliputienses admiraban porque era muy seguro de sí mismo.

Pero la desaparición del Queso había cambiado todo eso. Las circunstancias le habían pasado factura. Ya no era fuerte, ni tampoco se sentía tan orgulloso.

Mientras reflexionaba sobre todo esto, a Hem se le ocurrió que se sentía menos seguro de sí mismo de lo que solía. Podía ver que su confianza habitual había desaparecido.

Lo cual era algo nuevo para Hem.

Nunca antes había reparado en sus propios pensamientos, ni había dado un paso hacia atrás para reconsiderar cómo veía las cosas.

Para él, las cosas eran exactamente como las veía.

Mientras recorrían los pasillos, ambos encontraron unas pocas migajas de Queso aquí y allá, lo suficiente como para picar y frenar el roer del estómago de Hem.

Esperanza también probó unas cuantas migajas de queso, y le gustó bastante.

De vez en cuando encontraban una Manzana apoyada en el suelo junto a la pared, que compartían.

Entre los bocados de Queso y la ocasional Manzana fue suficiente para que regresaran a su punto de partida, donde descansarían para la búsqueda del día siguiente.

Todos los días, cuando partían, Hem sentía que tenía menos energía que el día anterior.

Cuando regresaron al mismo lugar nuevamente después de horas de búsqueda infructuosa, Hem soltó su mochila de herramientas y se desplomó contra la pared del corredor, sintiéndose aún más exhausto.

Un día, cuando regresaron, Hem se sintió tan desanimado que no sabía si podría continuar por mucho tiempo más. En lo único en lo que podía pensar era en lo pesada que era su mochila de herramientas.

—Debe de pesar mucho —comentó Esperanza.

—No tanto —dijo Hem. No quería admitir cuánto pesaba o cuán agotado se sentía.

—¿Por qué la traes contigo todos los días? —preguntó ella.

—Es para hacer agujeros en la pared —respondió Hem. Le explicó que, si encontraban la pared correcta, le pediría a Esperanza que sostuviera el cincel, como él solía hacerlo, mientras que él utilizaría el martillo, como solía hacer Haw.

—Ah —dijo Esperanza. Para luego preguntar—: ¿Eso ya os ha funcionado en otras ocasiones?

—Por supuesto que sí —contestó Hem, molesto porque ella hacía *muchas* preguntas——. ¡Este es el mejor cincel que se puede comprar!

—Lo que quiero decir es —prosiguió Esperanza—: ¿hacer agujeros en la pared realmente te ayuda a encontrar más queso?

Hem no respondió. Se sintió ofendido. ¡Esas eran buenas herramientas! Dejó la pesada mochila con un fuerte golpe y se recostó contra la pared.

Hem extrañaba a Haw. No le gustaba estar en esa parte del Laberinto, tan lejos de casa. Quería que las cosas volvieran a ser como eran.

—Extrañas a tu amigo —observó Esperanza.

Era un poco desconcertante cómo ella siempre parecía saber lo que él estaba pensando.

Hem se encogió de hombros.

—Solo deseo que las cosas vuelvan a ser como antes.

Esperanza se sentó a su lado y también se apoyó contra la pared.

—Lo sé —dijo ella. Luego, lo miró—. Pero no estoy segura de que sea así como funciona.

—¿Qué quieres decir? —le espetó Hem molesto.

—No creo que las cosas vuelvan a ser como eran —respondió Esperanza—. Sin embargo, este es mi pensamiento: tal vez puedan resultar *mejores* de lo que eran.

Hem no veía cómo podía ser así.

—Nuestro plan de *esforzarnos más* no está funcionando, ¿verdad? —preguntó Esperanza en voz baja.

Hem no respondió. Se sentía demasiado infeliz.

—Tal vez necesitemos una estrategia diferente —agregó.

Hem echó un vistazo y vio que estaba mirando el cartel de Haw, el que decía: «*Las creencias arraigadas no te llevan a Nuevo Queso*».

—¿Qué pasa si intentamos con una nueva creencia? —planteó Esperanza.

Hem sacudió la cabeza.

—No puedes *intentar* una creencia. ¡Tus creencias, simplemente..., son!»

Esperanza miró a Hem y ladeó la cabeza.

—Pero ¿y si decides cambiar una?

—No es así como funciona —explicó Hem—. ¡Además, me gustan mis creencias tal como son! Si las cambiara, ¿en quién me convertiría? ¡No sería Hem!

Él no quería cambiar ni abandonar sus creencias, porque pensaba que eran lo que le hacía ser quien era.

—Apuesto a que cambiarás de opinión —comentó ella.

—¿Por qué haría eso? —Ahora Hem se estaba irritando—. ¡Me gusta mi forma de pensar tal como es!

Esperanza se encogió de hombros otra vez.

—A mí también me gusta. Pero todavía no hemos encontrado ningún queso.

Hem no tenía una respuesta para eso.

Ambos permanecieron en silencio por un minuto. Finalmente, Esperanza se puso de pie y dijo:

—Bien, buenas noches, Hem. Dulces sueños. Te veré en la mañana.

Hem se sentó contra la pared, frunciendo el ceño. Estaba pensando en lo que Esperanza había dicho sobre su martillo y su cincel.

Hacer agujeros en la pared no le daba ningún beneficio. ¿Acaso no lo sabía ya? Entonces, ¿por qué seguía arrastrando esas viejas herramientas por todos lados?

Porque no sabía qué más hacer, por eso.

Nunca encontrarían Queso. Nunca encontraría a su amigo Haw. Moriría aquí en este pasillo, con su inútil mochila de herramientas.

Hem dejó escapar un gran suspiro, y luego se hizo la pregunta que le había molestado desde que comenzó su búsqueda:

¿Por qué no me habré ido con Haw?

Y luego, Hem se echó a llorar.

Al poco tiempo, se quedó dormido.

Esa noche tuvo un sueño.

En su sueño, se vio de vuelta en su casa junto al Depósito de Queso Q, paseando, revolviéndose, inquietándose y echando humo. Algo era diferente. Pero ¿qué?

Entonces vio lo que era. ¡Había barrotes en las ventanas! Parecía que estaba en una prisión. Mirándose a sí mismo a través de los barrotes, vio lo infeliz que era. En su sueño, lloró un poco más.

Se despertó en mitad de la noche, pensando en el sueño. Eso lo desconcertó. ¿Por qué se había convertido en un prisionero en su propia casa, extrañando a su amigo y habiéndose negado a ir con él?

Hem permaneció despierto de espaldas durante horas, pensando en eso. Pensó en ello hasta que llegó el amanecer.

A la luz de las primeras luces, solo podía distinguir la nota rayada de Haw en la pared, sobre las creencias arraigadas y el Nuevo Queso.

—Tal vez Haw tenía razón —dijo en voz alta. (Pensar en voz alta lo ayudaba a aclarar sus pensamientos, especialmente los pensamientos más difíciles, como los que tenía ahora.)

Recordó el día que Haw se había ido, hacía ya tanto tiempo. Haw había tratado de hablar con Hem sobre lo que creía que tenían que hacer, y Hem se había negado a escuchar.

—Estaba seguro de que yo tenía razón, y de que era Haw quien estaba equivocado —dijo—. Pero tal vez el equivocado haya sido yo al no confiar en Haw, y confiar solo en mis propios pensamientos.

De repente, Hem se enderezó.

Creencias arraigadas. De eso se trataba la nota de Haw. Pero Hem nunca se había detenido a pensar *qué era* una «creencia».

Ahora creía saberlo.

Se puso de pie, cogió una piedra afilada y escribió su propio pensamiento en la pared, junto al que había escrito Haw. Cuando terminó, hizo un dibujo de una de las Manzanas de Esperanza a su alrededor, para recordar que era su nota y no la de Haw.

Una creencia es
un pensamiento
que confío que
sea verdadero.

Eso es todo lo que es una creencia. Un pensamiento. ¡Pero mira cuánto poder tiene!

¿Por qué no se había ido con Haw a buscar Nuevo Queso? Porque Haw veía las cosas de manera diferente, y Hem no podía ver lo que Haw veía. Sus propios pensamientos lo habían anclado allí, en el Depósito de Queso Q, porque confiaba en que eran pensamientos verdaderos.

Había creído que, si se quedaba y se mantenía firme, las cosas darían un giro.

Había creído que Haw estaba actuando como un tonto, y que él, Hem, lo sabía todo.

Sus creencias lo mantenían atrapado en su forma de ver las cosas. *Por eso* no se había ido con Haw.

De pronto comprendió su sueño. Las rejas en sus ventanas eran sus viejos pensamientos, los pensamientos arraigados en los que confiaba como verdaderos, pero eran los que en realidad le impedían aventurarse en el Laberinto.

¡Sus creencias lo mantenían prisionero!

Garabateó otra nota en la pared y también la rodeó con un dibujo de una manzana.

Una creencia
arraigada puede
mantenerte
prisionero.

Se imaginó a sí mismo de nuevo en su casa del Depósito de Queso Q, pensando que, con solo esperar, el Queso comenzaría a aparecer nuevamente, y las cosas volverían a ser como antes.

Esa era otra creencia en la que confiaba. ¡Otra creencia que lo mantenía prisionero!

Entonces, *¿todas* las creencias te atan?

Recordó el día en que se despertó y vio a Esperanza por primera vez, y cómo ella le había ofrecido una Manzana para que comiera. Al principio tenía miedo de comerla, pero luego la comió de todos modos. Él había confiado en ella. ¡Y ella le dio su última Manzana! Ella era una buena amiga para él.

Hem pensó que *esa* era una creencia que le había sido muy útil.

Escribió otra nota en la pared:

Algunas creencias
pueden frenarte,
otras pueden
levantarte.

Pensó en lo que Esperanza le había preguntado:

—¿Qué pasaría si intentáramos una nueva creencia?

¿Qué le había contestado?

—No se *intenta* una creencia. ¡Así no es como funciona!

Sin embargo, quizás Esperanza tuviera razón. Tal vez se *pueda* cambiar una creencia arraigada y elegir una nueva.

Trató de pensar en una creencia arraigada en ese momento, pero no se le ocurrió ninguna. Todo este tema de las «creencias» constituía una nueva forma de pensar para Hem, y no estaba seguro de cómo funcionaban.

Miró las notas que acababa de hacer, con el dibujo de la manzana alrededor de cada una. Recordó la primera vez que Esperanza había intentado ofrecerle un pedazo de fruta y cómo había dicho: «Sea lo que sea, no puedo comerlo. Solo como queso».

Eso era lo que había pensado, y había confiado en ese pensamiento, ¡pero resultó que no era cierto en absoluto! Porque se comió la Manzana y se sintió mejor. Así que el Queso *no era* el único tipo de comida que podía comer.

Y ahora él pensaba diferente.

¿Qué había dicho Esperanza? «Apuesto a que cambiarás de opinión». Y ella tenía razón, ¡cambió!

Escribió de nuevo rápidamente en la pared:

Puedes cambiar
tu mente. Puedes
elegir una nueva
creencia.

Hem notó que se sentía totalmente energizado, y eso le sorprendió.

En el pasado, a Hem no le gustaba que alguien desafiara sus creencias. Se resistía a cambiar de opinión, y se sentía ofendido cuando alguien sugería que lo que estaba pensando o diciendo podría no ser cierto.

Pero ahora, en lugar de sentirse mal por haberse equivocado, se sintió emocionado por lo que estaba descubriendo.

Se dio cuenta de que antes se había resistido a cambiar de opinión porque se sentía amenazado. No había querido cambiar sus creencias, porque *le gustaban* sus creencias. Había pensado que le hacían quien era.

Pero ahora vio que no era así. Podía elegir un pensamiento diferente. Él podía elegir una creencia diferente.

¡Y aun así seguía siendo Hem!

No eres tus creencias. Eres la persona que elige tus creencias.

—Así que esta es la verdadera pregunta —dijo, caminando de un lado a otro mientras pensaba en voz alta—. Ahora que sé lo que es una creencia y cuánto poder tiene, y con qué facilidad puedo elegir una *nueva* creencia..., ¿qué tengo que *hacer*?»

Se detuvo.

La respuesta era obvia. Debería usar este nuevo conocimiento para que le ayudara a terminar su misión. Debería ir a buscar más Queso y Manzanas.

El problema era que ya lo habían intentado todo. No había ningún otro lugar para mirar. No había más Manzanas o Queso que encontrar. No veían alternativas.

Era una búsqueda imposible. Y si ese era el caso, entonces, realmente, no tenía sentido intentarlo.

Pero... ¿Y si «imposible» fuese, simplemente, otra creencia? ¿Podría cambiarla?

Sintió un cosquilleo en su espina dorsal.

¿Qué harías si
creyeras que es
posible?

—Espera un momento —se dijo Hem a sí mismo—. Seamos razonables.

Este tema de las creencias no puede ir tan lejos. Después de todo, deben de tener algún límite, ¿no?

Hem mantuvo ese pensamiento por un momento. Luego respiró, exhaló y sintió que empezaba a cambiar.

Miró la piedra afilada en su mano y escribió una vez más en su muro de notas:

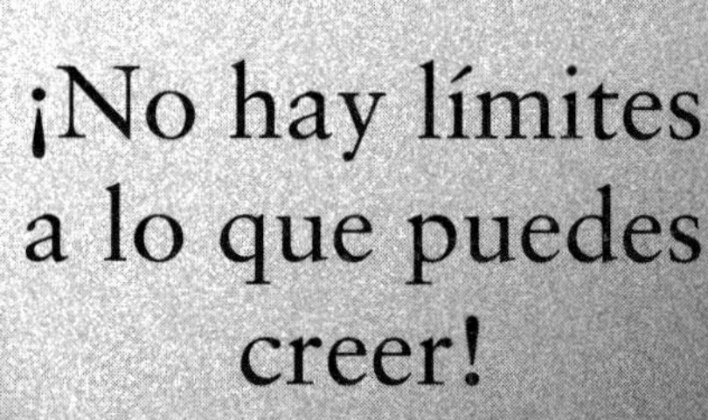
¡No hay límites
a lo que puedes
creer!

Cuando Esperanza apareció unas pocas horas después del amanecer, encontró a Hem sentado, lustrándose las zapatillas y murmurando para sí.

¡Apenas reconoció a ese nuevo Hem! La noche anterior parecía cansado, derrotado y gruñón. Ahora se veía más animado de lo que ella nunca lo había visto.

Miró la serie de nuevas notas en la pared, cada una rodeada por el contorno de una manzana.

—Vaya, vaya —dijo ella—. Veo que has estado ocupado.

Hem asintió.

—Si.

—¿Qué pasó? —preguntó ella.

Él la miró.

—Cambié de opinión —contestó.

—Bien —dijo ella. Miró nuevamente todas sus notas y luego de nuevo a él—. ¿Acerca de qué?

Hem dejó los zapatos y se puso de pie lentamente. (Aún estaba rígido y dolorido por arrastrar esa pesada mochila de herramientas.)

—Todavía no he descubierto esa parte —dijo.

Hem sabía que lo que había estado haciendo antes no funcionaba. Necesitaba hacer algo completamente diferente. Y eso significaba que necesitaba ver las cosas de manera completamente distinta. Necesitaba cambiar de opinión y elegir una nueva creencia.

¿Pero qué creencia, exactamente? No tenía ni idea.

Esperanza se acercó y se sentó a su lado otra vez.

—¿Te importa si te pregunto algo? —dijo ella. Podía ver que Hem estaba sumido en sus pensamientos y probablemente no quería que ella perturbara su concentración, pero esto era algo que necesitaba escuchar—. ¿Dijiste que tu queso simplemente dejó de aparecer? ¿Como mis manzanas?

—Eso es correcto —respondió Hem.

—Y yo me pregunto: antes, cuando tu queso fresco aparecía todos los días, ¿de dónde venía?

Hem comenzó a sentirse molesto de nuevo. ¡Esperanza hacía tantas preguntas! ¿Y qué importaba de dónde venía el Queso? El problema es que había desaparecido.

Se detuvo.

Hem miró a Esperanza y pensó en la pregunta que acababa de plantear.

¿De *dónde* venía el Queso?

¿Alguna vez se había hecho esa pregunta antes? ¿Se la había hecho Haw? Repasó todos los recuerdos de los tiempos que habían pasado juntos, buscando Queso, encontrando Queso y disfrutando de Queso. ¿Alguna vez se habían hecho esa pregunta?

¡No, no lo habían hecho! Estaba seguro de ello.

Hem sintió que su pulso se aceleraba. No sabía por qué, pero parecía haber dado con un tema importante.

Miró a Esperanza otra vez, ahora sin rastros de irritación.

—De dónde… venía… el Queso —repitió lentamente—. ¿Sabes?, creo que esa podría ser una muy buena pregunta.

Los ojos de Esperanza brillaron.

—¿Eso significa que tienes la respuesta?

—Bueno, no —contestó Hem—. Pero me sigue pareciendo una buena pregunta. Si seguimos preguntando, ¡tal vez encontremos una buena respuesta!

Ambos estuvieron callados por un momento.

Entonces Esperanza miró a Hem y dijo:

—*Me pregunto qué hay fuera del Laberinto.*

Hem la miró fijamente.

—¿Qué hay fuera del *Laberinto*? —sacudió la cabeza con incredulidad. —No hay *nada* fuera del Laberinto.

¡Qué idea absurda! ¿Fuera del Laberinto? Eso no tenía ningún sentido. El Laberinto era todo lo que había. No había ningún «afuera».

—Ah —dijo Esperanza. Hizo una pausa, luego volvió a mirar a Hem e insistió—: ¿Estás seguro?

—¡Por supuesto que estoy seguro! —respondió Hem.

Se miraron el uno al otro, y luego ambos repitieron al unísono las mismas palabras:

—*¡Un pensamiento que confías que sea verdadero!*

¡Otra creencia! Y a Hem le pareció que esta podría ser del tipo de creencia que lo frenaba, en lugar de levantarlo.

¿Podría cambiar su opinión sobre esto también?

Hem cerró los ojos e intentó imaginar un lugar fuera del Laberinto. Sin embargo, en su imaginación, todo lo que podía ver era el Laberinto en sí, tal como siempre lo había conocido.

Abrió los ojos de nuevo y negó con la cabeza.

—No funciona. No veo nada. —Miró a Esperanza—. Todo lo que puedo ver es lo que está en el Laberinto. No puedo imaginar nada fuera de él.

El Laberinto, después de todo, era lo único que Hem conocía. Había vivido encerrado en él su vida entera.

Esperanza lo miró pensativa. Entonces, le dijo:

—¿Qué pasa si lo crees primero? Tal vez entonces lo veas.

—Eso es… —*¡Eso es una locura!*, era lo que Hem iba a decir. En cambio, dijo—: Eso es… Una gran idea.

Si realmente no había límites a lo que él podía creer, ¿por qué no intentarlo? Cerró los ojos de nuevo y comenzó a pensar:

Hay algo asombroso fuera del Laberinto.

Hem respiró profundamente y sintió que el nuevo pensamiento llenaba su mente, y mientras lo hacía, sintió que comenzaba a confiar en él.

Abrió los ojos y escribió otra nota:

A veces tienes
que creerlo antes
de verlo.

Miró a Esperanza y le propuso:

—*Vamos a averiguar qué hay fuera del Laberinto.*

Ella sonrió.

—Me parece bien. Tal vez descubramos de dónde venía tu queso.

Él asintió, emocionado por esa idea.

—¡Y tus Manzanas, también!

Esperanza se puso de pie.

—Cuenta conmigo —dijo ella—. ¿Cómo vamos a hacerlo?

—No tengo idea —respondió Hem.

Y él, realmente, no la tenía. ¿Dónde buscarían? No podía imaginarlo. Ya habían mirado *por todas partes.*

Hem recordó cuando él y Haw solían ir a buscar Queso. Siempre evitaban los rincones oscuros y los callejones sin salida. Le explicó esto a Esperanza, y luego esperó a ver si se le ocurría otra buena pregunta.

Y, por supuesto, ella la hizo.

Ella dijo:

—¿Y si esos rincones oscuros no son todos oscuros?

—¿Cómo pueden no ser oscuros? —preguntó Hem—. Después de todo, ¡por eso se les llama rincones *oscuros*!

Esperanza se levantó y tomó una vela gruesa de un candelero en la pared.

—No si llevamos una vela.

Hem ya se había levantado y comenzado a caminar por el pasillo cuando notó que Esperanza no se había movido. Ella miró su mochila de herramientas.

—¿Vas a llevar tu martillo y tu cincel?

Hem miró las herramientas y luego, lentamente, sacudió la cabeza.

—No, mejor no.

—Bien —dijo Esperanza, y sonrió—. No creo que funcione comenzar una nueva búsqueda con viejas mochilas.

Regresaron a los pasillos que ya habían explorado muchas veces, solo que ahora buscaban rincones oscuros en lugar de alejarse de ellos. A Hem le resultaba extraño buscar lo que siempre había evitado, pero decidió que sentirse extraño era probablemente parte del proceso.

Pronto llegaron a un rincón increíblemente oscuro, y se detuvieron.

Se adentraron en la oscuridad, y Esperanza levantó su vela para iluminar el pequeño pasillo.

A Hem se le encogió el corazón. La luz de la vela iluminaba lo suficiente para revelar que el pasaje terminaba en nada más que oscuridad y una pared de ladrillo plana.

—Otro callejón sin salida —comentó.

Esperanza se quedó pensativa.

—Eso es también lo que estoy pensando yo —dijo—. Pero ¿y si ese no es un pensamiento en el que debamos confiar? Después de todo —agregó—, no todos los rincones oscuros son oscuros. Tal vez no todos los callejones sin salida sean sin salida.

A Hem le gustó esa forma de pensar. Decidió ver si podía aferrarse a ella y confiar lo suficiente para que se convirtiera en una creencia.

Cerró los ojos e intentó una vez más usar su imaginación. Durante varios largos momentos, no pasó nada... hasta que, justo cuando estaba a punto de rendirse, vislumbró algo parpadeando en el borde de sus pensamientos, como si estuviera viendo, si no una luz, al menos la *posibilidad* de una luz. Sintió que su corazón daba un salto.

Hem volvió a abrir los ojos y miró a Esperanza.

—Vamos a intentarlo —dijo.

Los dos caminaron lentamente hacia el pasillo, ambos sintiéndose nerviosos mientras caminaban. Hem no pudo dejar de pensar, El Laberinto es un lugar peligroso. Lo había sabido toda su vida, desde que era un niño. *El Laberinto es un lugar peligroso...* El pensamiento seguía susurrando en su mente.

Pero ¿y si *ese* no era un pensamiento en el que debiera confiar que fuese verdad?

Se detuvo y Esperanza también se detuvo, esperando ver lo que iba a decir.

—Solo porque lo pienses —murmuró para consigo mismo— no significa que tengas que creerlo.

No tienes que
creer en todo
lo que piensas.

Esperanza no dijo nada. Ella entendió lo que estaba pasando por su mente.

Continuaron caminando. Efectivamente, cuando se acercaron, Hem vio que había una pequeña luz al final del callejón. ¡Era la propia vela, reflejada en una pequeña ventana colocada en una puerta!

Abrieron la puerta y entraron en una pequeña cámara, muy parecida a las muchas cámaras que ya habían explorado. A la tenue luz de la vela de Esperanza, recorrieron con la mirada la pequeña habitación sombría. Cuatro esquinas. Cuatro paredes. Nada más.

Estaba completamente vacía.

Decepcionado, Hem se dio la vuelta para irse, pero Esperanza se quedó quieta, mirándolo, como si esperara que él dijera algo.

—¿Qué? —dijo—. Esta vacío.

—Se ve de esa manera —dijo ella, y esperó un poco más.

Así que Hem lo pensó, y luego se hizo una pregunta:

Si no todos los rincones oscuros son oscuros, y no todos los callejones sin salida son sin salida, ¿podría ser que no todas las cámaras vacías estuvieran vacías?

—Pensándolo bien —dijo—, ¿echamos un segundo vistazo?

Esperanza sonrió y tomó su mano.

—¡Vamos! —dijo ella.

Caminaron junto a la primera pared y nada, doblaron la esquina y recorrieron la segunda pared y nada, giraron otra esquina, a mitad de camino de la tercera pared, y se detuvieron.

—¿Sientes eso? —susurró Hem.

—Lo siento —contestó Esperanza.

Una leve brisa de aire fresco circulaba entre sus piernas. Hem se inclinó y lo olió. Olía increíblemente fresco.

Se arrodillaron sobre sus manos y rodillas y, al nivel de las rodillas, encontraron una abertura en la pared, lo suficientemente grande como para que pasara un liliputiense.

Hem miró a Esperanza y le hizo un gesto con un brazo. *Después de ti.*

Esperanza se metió en el túnel. Hem la siguió.

Con Esperanza a la cabeza, se arrastraron y se arrastraron, hasta que ambos comenzaron a ver una luz al final del túnel.

La luz se hizo más y más brillante… y luego, de pronto…

Esperanza y Hem emergieron bajo una luz brillante, tan deslumbrante que al principio no podían ver nada. Se pusieron de pie, parpadeando e inhalando el aire limpio y fresco.

Cuando sus ojos se acostumbraron a la luz, miraron a su alrededor. Estaban en un hermoso prado verde, en el que soplaba una brisa fresca y suave.

Hem nunca antes había visto o sentido algo parecido. Levantó la vista hacia el techo, si se lo podría llamar así. ¡Era tan azul, y tan alto! Y allí había una deslumbrante luz dorada, más brillante y más cálida que cualquier otra luz que hubiera conocido, demasiado intensa para mirarla directamente.

Hem se quedó sin habla. Respiró hondo, se metió las manos en los bolsillos, cerró los ojos y volvió la cara hacia arriba para sentir el calor.

Las yemas de sus dedos sintieron algo en su bolsillo. Lo sacó y lo miró. Era un trozo de papel. En la parte superior decía «Los hechos de la cuestión».

Empezó a leer.

Y entonces soltó una carcajada.

Esperanza sonrió, desconcertada. Nunca había visto a Hem reírse antes. No creía siquiera haberlo visto sonreír.

—¿Qué? ¿Qué dice el papel? —preguntó.

Hem le mostró a Esperanza el pedazo de papel.

—Dice: «Tengo que encontrar más Queso. Si no lo hago, moriré». —Miró a Esperanza—. Pero encontré Manzanas en su lugar, y me las comí, y no morí.

Ella lo miró.

—No has muerto, sabía que no morirías.

—También dice que el laberinto es un lugar peligroso, lleno de rincones oscuros y callejones sin salida.

Ella asintió.

—Y fue un rincón oscuro el que llevó al callejón sin salida que nos trajo hasta aquí.

—Lo último que dice —agregó Hem— es que todo depende de mí. Que estoy solo en esto.

Esperanza sonrió.

—Bueno, *eso* seguro que no es verdad, ¿no es cierto? —Y le tendió un trozo de queso que acababa de encontrar.

Lo tomó y lo mordisqueó, agradecido.

—No —dijo—. No lo es.

Mientras exploraban el nuevo mundo en el que estaban, fuera del Laberinto, encontraban Manzanas y Queso por todas partes.

Probaron a comer Manzanas y Queso juntos. Estaba delicioso.

¡Y todo era tan brillante! Nunca se habían dado cuenta de cuán oscuras y mal iluminadas estaban las cosas dentro del Laberinto.

A Hem se le ocurrió que salir del Laberinto era como salir de la prisión de sus antiguas creencias.

Tal vez eso es todo lo que realmente fuese el Laberinto.

Una cosa era segura: ¡el aire aquí olía *mucho más* dulce!

Hem miró una vez más su pequeño trozo de papel.

—«Los hechos de la cuestión» —dijo, y se rio de nuevo—. Y pensar que todos me *parecían* hechos ciertos.

Esperanza asintió.

—Pero no lo eran.

—No —dijo Hem—. Ni uno solo.

Le dio la vuelta al trozo de papel y, en el reverso de «Los hechos de la cuestión», escribió un resumen de lo que había descubierto en los últimos días.

El camino para salir del Laberinto

Percátate de tus creencias
Una creencia es un pensamiento que confías
que sea verdad

No creas todo lo que piensas
A veces los «hechos» son solo la forma en la que ves
las cosas

Descarta lo que no funciona
No puedes abordar una nueva misión con mochilas
viejas

Mira fuera del Laberinto
Considera lo improbable: explora lo imposible

Elige una nueva creencia
Cambiar lo que piensas no cambia lo que eres

No hay límites a lo que puedes creer
Puedes hacer, experimentar y disfrutar mucho
más de lo que crees que puedes

Mientras se sentaban en la hierba, disfrutando de la luz del sol y la brisa fresca, Hem pensó de nuevo en su amigo Haw. Estaría disfrutando esto aún más, pensó, si Haw estuviera con ellos.

—Estás pensando en Haw —comentó Esperanza.

Hem asintió. Como de costumbre, ella sabía lo que él estaba pensando. Se preguntó cómo lo haría.

—Tenemos que ir a buscarlo —dijo—.Y a tus amigos Fisgón y Escurridizo, también.

Hem la miró y asintió de nuevo.

—Eso es exactamente lo que estaba pensando —replicó.

—Está bien —dijo Esperanza, y le sonrió—. Vámonos.

Ambos se levantaron, y Esperanza tomó la mano de Hem una vez más, cuando de repente …

—¡Hem! ¡HEM!

Asombrado al oír que lo llamaban en este lugar desconocido, Hem se volvió y miró a la figura que avanzaba rápidamente hacia él.

¡Era Haw!

—¡Estás aquí! —gritó Haw mientras abrazaba a Hem y le palmeaba la espalda con ambas manos.

—¡Y tú también! —exclamó Hem. Miró a su alrededor—. ¿Y Fisgón y Escurridizo?

Haw se echó a reír.

—Oh, ya los conoces, ¡fueron los primeros en salir! Pero tú, Hem…, me preocupaba que *nunca* encontraras la salida del Laberinto.

—Casi no lo consigo —admitió Hem—. Pensé que estaba atrapado allí. Pensé que iba a morir —Suspiró—. Estaba equivocado, pero no podía verlo. Estaba atrapado en mis creencias arraigadas.

—Entonces, ¿qué pasó? —preguntó Haw en voz baja.

Hem reflexionó por un momento.

—Primero, me enojé. Después, tuve hambre. Más tarde encontré a Esperanza. —Se volvió para mirar a Esperanza y sonrió—. Esperanza, este es…

—Estoy muy feliz de conocerte, Haw —dijo Esperanza mientras estrechaba la mano de Haw.

—¡Encantado! —Haw se rio y le hizo una pequeña reverencia, luego le preguntó a Hem—: ¿Y después de encontrar a Esperanza?

—Entonces, ¡cambié de opinión!

Haw sonrió cálidamente y volvió a abrazar a Hem.

—Te he extrañado, amigo mío. Estoy muy contento de que hayas salido del Laberinto. Y estoy aún más feliz de que hayas encontrado cómo cambiar tus creencias.

—Las creencias son cosas poderosas, ¿verdad? —preguntó Hem.

Los tres permanecieron juntos en silencio, meditando sobre la asombrosa habilidad que tienen las creencias para mantenerte frenado o para levantarte, y el emocionante descubrimiento de que puedes cambiarlas y seguir siendo tú mismo.

A Hem se le ocurrió un pensamiento.

—¡Espera un segundo! —Buscó en su bolsillo, sacó una Manzana que había recogido y se la ofreció a Haw—. ¿Has probado una de estas?

Haw asintió alegremente.

—¿Manzanas? Las adoro.

—¡Y *van muy bien con el Queso!* —dijeron los dos amigos al unísono.

Esperanza ladeó la cabeza.

—¿Sabes qué?

Los dos se giraron para mirarla.

—Apuesto a que hay todo tipo de otras cosas deliciosas para comer aquí —comentó—. Cosas que nunca hemos pensado antes. Cosas que nunca hemos imaginado.

Hem y Haw se miraron.

¿Era eso posible?

¡Por supuesto que sí!

Y los tres se pusieron a explorar.

Fin...

¿O es un nuevo comienzo?

Un debate

Cuando Dennis terminó de contar la historia, dejó de hablar y miró alrededor de la habitación. Todos estaban sumidos en sus pensamientos. Esperó un momento.

—¡Guau! —exclamó Alex.

Dennis se volvió hacia él y sonrió.

—¿Guau?

—Bien por Hem —dijo Alex—. Lo consiguió. Salió del Laberinto.

—Al igual que Andy Dufresne en la película *The Shawshank Redemption** —comentó Ben. El resto del grupo se rio. Ben se había ganado una merecida reputación como el artista de la clase.

—Una vez tuve un jefe que no tuvo tanta suerte —añadio Brooke.

—¿En serio? —preguntó Dennis—. ¿Qué le sucedió?

---

* En España: *Cadena perpetua*. En diversos países de Latinoamérica: *Sueño de fuga, Sueños de libertad* o *Escape a la libertad*.

—Cuando salí de la facultad de periodismo, trabajé para un periódico de la ciudad. Nadie pudo convencer al editor de que necesitábamos tener una versión digital. Él creía que la publicidad impresa seguiría pagando las cuentas, incluso cuando nuestras mayores cuentas cambiaron a la publicidad en la Red. Insistió en que la circulación pagada se recuperaría pronto, incluso a medida que más y más lectores dejaron de leer en papel para obtener sus noticias *online*. Un año después de mi llegada, el diario cerró.

—Nunca encontró la salida del Laberinto —observó Alex.

—Las creencias son limitantes poderosos —dijo Dennis—. Una sola creencia obstinada puede acabar con toda una empresa. La gente cree que como siempre han sido las cosas es como siempre serán. Pero nunca lo es.

—¿Sabes lo que dijo Mark Twain? —comentó Ben—. «No es lo que no sabes lo que te mete en problemas. Es lo que sabes con certeza pero que no es verdad.»

La clase volvió a reír.

Dennis sonrió y dijo:

—Twain tenía razón, como de costumbre, y aquí hay un ejemplo: cuando el *Titanic* hizo su viaje inaugural en 1912, la gente describió el barco con una sola palabra.

—¡Insumergible! —exclamó Brooke.

—Exactamente. *Insumergible*. Eso es lo que todos creían. Y porque lo creyeron, no se molestaron en cargar suficientes botes salvavidas.

—Y más de mil quinientas personas murieron —añadió Brooke.

—Todo por un pensamiento sobre el que la gente tenía la certeza de que era cierto —agregó Mia.

—Los *«hechos de la cuestión»* —comentó Alex.

La clase se quedó en silencio por un momento.

—Vaya cosa —dijo Ben.

—Estoy empezando a tener la sensación de que todas las creencias son malas —manifestó Mia—. Puntos de vista estrechos que solo nos meten en problemas. Pero eso no puede ser cierto. Quiero decir, incluso Hem encontró algunas creencias que le sirvieron, ¿verdad?

—Absolutamente —contestó Dennis—. Todas las creencias son *dignas de examen*. La clave es observar las creencias y probarlas, no necesariamente *descartarlas*.

»Algunas simplemente se interponen en nuestro camino y nos impiden ser lo mejor que podemos ser, o incluso crean obstáculos entre nosotros. Pero algunas creencias son verdades poderosas, faros que nos guían y nos ayudan a seguir avanzando, incluso en los momentos más difíciles.

—Me gusta la creencia de que todas las personas son creadas iguales —sugirió Ben—. Dotadas de los derechos inalienables a la vida, la libertad y la búsqueda de la felicidad.

—O como la creencia de Hem de que Esperanza era una buena amiga —ofreció Brooke.

—O creer en nuestros hijos —agregó Mia.

—O en ti mismo —dijo Dennis—. Creer en la idea de que te pusieron aquí por una razón, que tienes un valor único para ofrecer al mundo. Por ejemplo: Mia, ¿por qué te hiciste médica?

—Para ayudar a aliviar el sufrimiento de la gente —respondió Mia sin dudarlo.

Dennis se dirigió al grupo.

—Es fácil ver que no es solo una idea que ella piense que es cierta. Ese deseo de curar a las personas es *la esencia de Mia*. Como la pasión de Brooke por la verdad y la excelencia en la palabra impresa. Estos son valores fundamentales, cosas que, simplemente, *son* verdaderas y nunca cambian.

—¡Por Dios santo, todos los valores lo *son*! —dijo Ben.

—También es cierto —concedió Dennis, sonriendo—. Y es ahí donde se atascó Hem. Las circunstancias cambian. El mundo gira. Y las cosas que pueden haber sido ciertas ayer, de repente, ya no son verdad hoy.

—Blockbuster estaba *seguro* de que todos continuaríamos viendo películas en vídeo para siempre. Polaroid estaba *absolutamente segura* de que la gente siempre sacaría sus fotos en pequeños cuadrados de papel. Al igual que las librerías a principios de los años noventa, *sabían a ciencia cierta* que una librería *online* nunca podría dar mucho de sí.

—Todos ellos planearon su futuro basándose en creencias que resultaron no ser ciertas. Y eso los hundió.

—Al igual que el *Titanic* —agregó Ben.

—Al igual que el *Titanic* —asintió Dennis.

Miró alrededor del aula y notó al joven tranquilo de la última fila, frunciendo el ceño.

—¿Tim? —preguntó—. ¿Algo que quisieras compartir?

Todos los ojos se volvieron hacia Tim, quien había hecho la pregunta clave la semana anterior al cuestionar *qué había pasado con Hem*.

—Sí, supongo —respondió Tim—. En realidad mi situación laboral está bien. Es más una cosa personal.

Dennis dijo en voz baja:

—Si deseas compartirla...

—Por supuesto. A principios de este año, descubrí que mis padres están en proceso de separación. En realidad, ya están *separados*. Pasado.

Todos volvieron a mirar a Dennis, quien comentó:

—Y eso ha sido difícil para ti.

—¿Difícil? Es *imposible*. Toda mi vida fueron para mí lo único constante, una roca donde apoyarme. La única cosa segura en mi mundo. ¡Y, simplemente, se dieron por vencidos!

—Pareces enojado por eso —observó Dennis.

—Estoy *furioso* por eso —replicó Tim—. Quiero decir, todavía los amo, pero ahora mismo los odio. Simplemente, no puedo aceptar lo que están haciendo. ¿Y qué dice eso acerca de toda mi infancia, ahora resulta que todo ha sido una mentira?

—Ya sabes —dijo Dennis—, la gente cambia.

Tim sacudió la cabeza.

—Tanto, no.

Dennis consideró la cuestión y preguntó:

—¿Cómo crees que *ellos* ven la situación?

Tim pareció sobresaltado por ese pensamiento.

—No tengo ni idea.

—¿Qué dicen ellos?

—Dicen que hicieron su mejor esfuerzo, y que esta fue la decisión correcta para ellos, y que con el tiempo llegaré a aceptarlo. Lo que no creo que suceda.

Dennis hizo una pausa, y luego propuso:

—¿Y si lo intentaras? ¿Cambiando tus creencias?

—¡No es así como funciona! —soltó Tim. Hubo un silencio en la habitación, y luego añadió—: ¡Oh, guau! —Miró a Dennis de nuevo—. Eso es exactamente lo que dijo Hem, ¿no es así? —Sonrió levemente.

Dennis se encogió de hombros y le devolvió la sonrisa.

—Algo así.

—Entonces, ¿qué me estás diciendo? —preguntó Tim—. ¿Que tomaron la decisión correcta? ¿No hubiera sido *mejor* que permanecieran unidos y resolvieran las cosas?

Dennis negó con la cabeza.

—Eso no me corresponde a mí decirlo. Sin embargo, cuando miro una creencia, me gusta usar la pregunta de Hem: *¿Te levanta o te frena?* ¿Te saca del Laberinto o te mantiene corriendo en círculos?

Tim bajó la mirada, meditabundo.

—Solo recuerda esto, Tim —intervino Dennis—. Cambiar lo que piensas no cambia lo que eres.

Tim levantó la vista y se encontró con los ojos de Dennis, luego asintió lentamente.

—Sí —replicó—. Bueno. Pensaré en eso. —Hizo una pausa, y luego agregó—: Tal vez me arrastre por el túnel de Hem, a ver si hay algo brillante por ahí.

Dennis sonrió.

—Eso sería genial, Tim. —Miró hacia el reloj de pared. La clase estaba a punto de terminar—. La semana pasada —dijo— nos referimos a lo confuso que puede ser cuando hay tantos cambios al mismo tiempo. Y estoy parafraseando aquí, pero algunos de ustedes hicieron la misma excelente pregunta: ¿Por dónde empiezo?

Miró alrededor de la habitación.

—¿Alex?

Los otros se dieron cuenta de que Alex, que había hablado tanto la semana anterior, había estado casi en silencio desde que Dennis terminó de contar esta nueva historia.

Alex estuvo pensando durante un largo rato. Comenzó a hablar, lentamente al principio.

—Me parece —dijo— que debo empezar por *mí*.

Dennis asintió, como si dijera: *«Adelante»*.

—Bueno —prosiguió Alex—. He estado tan concentrado en los problemas. En los cambios en mi sector, en la confusión que se genera, en lo difícil que es mantenerse al día y saber qué hacer a continuación.

—Dijiste que *te moverías con el queso si pudieras* —agregó Brooke, leyendo sus notas—, pero que la mitad de las veces ni siquiera sabes a dónde ir.

—Correcto —reconoció Alex—. Y eso es exactamente lo que Hem estaba tratando de hacer, ¿verdad? Deambular por todo el Laberinto, tratando de encontrar la solución. Pero donde Hem necesitaba comenzar no estaba en ningún lugar del Laberinto. Estaba justo en su propia cabeza.

»Cuando dijiste "Salir del Laberinto", me llegó hondo. El laberinto en el que estoy atrapado no es mi trabajo, ni mi empresa, ni siquiera mi sector. Es mi propio enfoque. ¿El Laberinto del que necesito salir? Creo que es mi propio pensamiento.

—Tal vez es hora de dejar de lado algunas creencias arraigadas —planteó Brooke.

—Sí lo es —respondió Alex—. ¡Y elegir otras nuevas!

Ben sonrió y agregó:

—No olvides lo que Hem pensó sobre eso. *¡Hay cosas asombrosas fuera del laberinto!*

El grupo volvió a reír y rompió a aplaudir. Ben se puso de pie e hizo una reverencia.

—Bien dicho —dijo Dennis, con una sonrisa pensativa—. Cuando te permites creer en algo, un mundo entero de nuevas posibilidades te abre las puertas. Lo que, por cierto, es algo bastante *asombroso*.

»Y con ese mensaje, amigos míos, nuestro seminario llega a su fin. Quiero agradecerles a todos por el gran debate y desearles lo mejor, en sus carreras y en sus vidas.

»Y si alguien siente que ha adquirido algo valioso con esta pequeña historia, entonces espero que...

*... la
comparta
con los
demás.*

La siguiente es una carta que Spencer compuso en las etapas finales de su enfermedad, mostrando cuánto había abrazado los principios en este libro.

Una carta a mi Tumor

Hola, Tumor, ¡ahora te amo! Solía temerte y pelear contra ti para poder derrotarte. Luego miré mis creencias para ver si eran más sobre lo que amaba o sobre lo que temía.

Claramente, estaban basadas en lo que temía.

Y me encanta cómo he aprendido a amarte, lo que me parece una idea muy rara. ¡Cuánto más rica se ha vuelto mi vida! Porque mientras estoy enfermo y me doy cuenta de que podría morir pronto, me he convertido en una persona mucho más agradecida y amorosa, mucho más cercana a mi familia y mis amigos, con un mayor sentido de propósito, y he fortalecido mi espiritualidad.

Así que gracias. ¡Gracias! ¡Gracias!

Spencer Johnson, M.D.

Epílogo

Ken Blanchard, Ph.D., coautor de
El nuevo ejecutivo al minuto

AHORA QUE HAS LEÍDO *Fuera del Laberinto*, espero que te des cuenta del poder de tus creencias y del impacto que pueden tener en tu comportamiento y los resultados que obtienes. Una pregunta que tal vez te haya podido surgir es si Spencer Johnson solo escribió sobre el poder de elegir sus creencias o también vivió de acuerdo con ese principio.

Me complace poder contestarte que sí vivió coherentemente con su discurso, y como muestra vale este ejemplo triste.

Perdí a mi coautor y amigo por un cáncer de páncreas en julio de 2017. Como sabrás, cuando te diagnostican esa forma de cáncer generalmente son malas noticias, ya que muy pocas personas sobreviven mucho tiempo esa enfermedad. Cuando Spencer se enteró, decidió que podía abordar el resto de su vida desde un sistema de creencias basado en el miedo o desde uno basado en el amor. Si escogía el miedo, el foco estaría en sí mismo. Si elegía el amor, la atención se centraría en los demás.

Me alegró mucho que su elección fuera vivir con amor. De esta forma llegó no solo a familiares y amigos cercanos, sino también a personas con las que, por diversos motivos, había perdido el contacto, con algunos de los cuales no había hablado en años.

Las personas a las que conocí cuando visitaba a Spencer se sorprendían por la forma en que él se enfocaba más en ellos y en sus sentimientos que en su propio estado de salud.

Durante mi última visita a Spencer nos acompañó Margret McBride, que había sido nuestra agente literaria cuando publicamos *El ejecutivo al minuto*. Llamamos a Larry Hughes, el expresidente de William Morrow, que había publicado nuestros libros, para decirle cuánto apreciamos su papel en nuestras vidas. Fue una conversación memorable, reconfortante. Cuando me iba, le di un abrazo a Spencer y le dije lo orgulloso que estaba de él y de las creencias positivas que había elegido.

Movidos por cómo la elección de Spencer resultó en una despedida tan llena de amor, los hijos de Spencer, Emerson, Austin y Christian, y yo estábamos más comprometidos que nunca para asegurarnos de que este libro, que era tan importante para Spencer, se publicara. Ahora, podemos sentir una gran *alabanza al minuto* proveniente de Spencer.

Si has disfrutado esta pequeña historia tanto como yo, puedes continuar con el legado de Spencer compartiendo el libro con otros. ¡Ciertamente, por mi parte, tengo toda la intención de hacerlo!

Ken Blanchard
San Diego, junio de 2018

Agradecimientos

¡Qué gran contribución hizo el doctor Spencer Johnson al mundo! Spencer, uno de los autores más queridos e influyentes de nuestro tiempo, rechazó el foco de atención y prefirió dejar que las palabras de sus fábulas, elocuentes y sencillas, hablasen por sí mismas. Es un honor poder ofrecer *Fuera del Laberinto* como su regalo de despedida al mundo, y queremos agradecer a todos los que hicieron posible esta publicación. Queremos manifestar nuestra gratitud, en especial a:

Los hijos de Spencer, Emerson, Austin y Christian, por su papel especial en la vida de Spencer y por ayudar a hacer de este nuevo libro una parte de su legado perdurable. Nosotros y los millones de lectores de Spencer compartimos su pérdida, y estamos agradecidos por los muchos regalos que su padre nos dejó.

Ken Blanchard, buen amigo de Spencer y coautor de *El ejecutivo al minuto*; Ken fue quien primero alentó a Spencer a poner su historia en un papel para que otros pudieran beneficiarse de su simple sabiduría, y quien, una vez que se publicó el libro, se convirtió en su defensor más entusiasta.

Hyrum W. Smith, cuya dilatada colaboración e inestimables contribuciones ayudaron a hacer posible este libro.

Nuestros primeros lectores, por ayudar a este libro a convertirse en su mejor versión.

Robert Barnett, de Williams & Connolly LLP; Kathryn Newnham, del Spencer Johnson Trust; Angela Rinaldi, de la Agencia Literaria Angela Rinaldi; y Nancy Casey, asistente ejecutiva de Spencer, por su inestimable apoyo y asistencia.

Tom Dussel, Tara Gilbride, Ashley McClay, Madeline Montgomery, Chris Sergio, Merry Sun, Will Weisser y el resto del equipo de Putnam y Portfolio por su dedicación al proyecto.

John David Mann, por su toque reflexivo y respetuoso al ayudar a preparar este manuscrito para su publicación; y a Margret McBride, de la Agencia Literaria Margret Mc-Bride, por su apoyo.

Al lector, y a los millones de lectores y admiradores, defensores y embajadores de la historia original *¿Quién se ha llevado mi queso?*

Y finalmente, a Spencer mismo. Llamarlo «un maestro de las verdades profundas envueltas en paquetes simples» sería cierto, pero solo una parte de la verdad. No es casual que el futuro creador de varias fábulas superventas fuese antes médico y autor de libros infantiles. Su mayor esperanza no era simplemente verter sabiduría en una página, sino darle a las personas herramientas prácticas para mejorar sus vidas y, al hacerlo, ayudar a hacer del mundo un lugar más saludable, más feliz y más satisfactorio.

Ivan Held, G.P. Putnam's Sons
Adrian Zackheim, Portfolio

ECOSISTEMA DIGITAL

NUESTRO PUNTO DE ENCUENTRO

www.edicionesurano.com

2 AMABOOK
Disfruta de tu rincón de lectura
y accede a todas nuestras **novedades**
en modo compra.
www.amabook.com

3 SUSCRIBOOKS
El límite lo pones tú,
lectura sin freno,
en modo suscripción.
www.suscribooks.com

DISFRUTA DE 1 MES
DE LECTURA GRATIS

1 REDES SOCIALES:
Amplio abanico
de redes para que
participes activamente.

4 APPS Y DESCARGAS
Apps que te
permitirán leer e
**interactuar con
otros lectores.**